AF258009

LETTRE

SUR LA

GRÈVE DES OUVRIERS DU BATIMENT

A LONDRES

PAR

M. FABIEN MAGNIN

Ouvrier menuisier

« Ordre et progrès. »
Devise politique du positivisme.

Prix : 15 centimes

PARIS

CHEZ DUNOD, SUCCESSEUR DE VICTOR DALMONT
LIBRAIRE DU CORPS DES PONTS ET CHAUSSÉES ET DES MINES
49, quai des Augustins,

OCTOBRE 1861
73ᵉ année de la grande crise

LETTRE

SUR

LA GRÈVE DES OUVRIERS DU BATIMENT

A LONDRES

PAR

M. FABIEN MAGNIN

Ouvrier menuisier.

« Ordre et Progrès. »
Devise politique du Positivisme.

PARIS

CHEZ DUNOD, SUCCESSEUR DE VICTOR DALMONT

Libraire du Corps des Ponts et Chaussées et des Mines,

49, QUAI DES AUGUSTINS

OCTOBRE 1861

73ᵉ année de la grande crise.

1861

IMPERIAL
TIMBRE

AVIS

—

Dans notre époque de concurrence effrénée, l'exemple allant des patrons aux ouvriers menace de changer le champ de l'industrie en une arène de lutte, où l'égoïsme seul aurait ses coudées franches, juste au moment où les sentiments sociaux sont le plus nécessaires pour aider précisément à traverser cette crise de fiévreuse concurrence. Tel est l'effet qui tend à se produire et qui se produirait nécessairement, s'il n'y avait dans la masse prolétaire de l'Occident de nombreux et énergiques éléments d'ordre et de progrès, capables de limiter les écarts de l'industrialisme, comme l'avait prévu depuis longtemps Auguste Comte, le fondateur de la doctrine positiviste.

Un événement récent et mémorable vient de fournir

une preuve de la justesse des prévisions de ce philosophe. Voici le fait.

Les patrons de cinq corps d'état du batiment, à Londres, ont tenté de détruire l'institution du travail *à la journée*, pour le remplacer par le travail *à l'heure*; les ouvriers ont protesté, et ont décidé que deux de ces corps d'état se mettraient en grève. Ce sont les maçons en pierre et les maçons en brique. — Notons en passant que les grèves n'ont pas, en Angleterre, les mêmes inconvénients qu'en France, attendu que la loi anglaise les autorise.

Cet événement, que les journaux français ont à peine annoncé, nous serait resté longtemps inconnu, sans la bienveillante intervention d'un jeune positiviste anglais, M. James Winstanley, qui, par un mémoire adressé a la Société positiviste de Paris, nous en a fait connaître l'ensemble et la plupart des détails, ainsi que sa propre opinion sur ce sujet ; opinion que nous partageons sans réserve, et qui est entièrement favorable à la détermination des ouvriers anglais.

Après un examen attentif des faits, nous pensons que la tentative de supprimer le travail *à la journée* est d'autant plus fâcheuse que cette institution est la plus ancienne et la plus fondamentale de notre régime industriel ; qu'elle est la base de la grande division des producteurs en entrepreneurs et ouvriers, qui permet la centralisation dans le commandement, et la division dans l'exécution ; qu'elle est la base de la fixité du salaire dû à tout ouvrier probe et persévérant (et chacun sait que le nombre en est grand); qu'enfin, c'est cette institution qui entretient le mieux les bonnes relations entre les patrons et les ouvriers.

Ce sont ces considérations qui m'ont déterminé à écrire à M. Richard Congreve, membre du Conseil positiviste, et directeur du positivisme en Angleterre, la lettre suivante, non dans l'intention de pousser à la grève, mais bien dans l'intention d'aider à terminer au plus tôt ce regrettable conflit.

F. MAGNIN.

LETTRE

SUR

LA GRÈVE DES OUVRIERS DU BATIMENT

A LONDRES

ORDRE ET PROGRÈS

Paris, le 2 Gutenberg 73 (11 août 1861).

Cher et honoré confrère,

C'est grâce à la bienveillante sollicitude de M. Winstanley que j'ai pu connaître la nouvelle phase dans laquelle la grève des ouvriers de Londres vient d'entrer. J'ignorais même l'existence de cette grève, les journaux gardant à ce sujet un silence systématique et probablement concerté. Je sais infiniment gré à notre sympathique confrère de m'avoir fait connaître un fait d'une si grande importance, à savoir, la transformation d'un certain nombre de prolétaires en défenseurs et gardiens spontanés des derniers liens moraux et sociaux qui les unissent encore à leurs patrons. Leur intention, nettement formulée, de maintenir le travail *à la journée*, me prouve que, s'ils n'ont pas une connaissance exacte de tous les motifs qui militent en faveur de leurs tendances, ils en ont au moins un admirable sentiment.

C'est ici une occasion de regretter profondément que la doctrine à la fois si noble et si sympathique d'Auguste Comte leur soit inconnue, car il n'est pas douteux qu'ils l'eussent suivie, puisque d'eux-mêmes ils sont entrés dans cette voie. Plus qu'aucun de nous vous êtes bien placé, et à la fois digne et capable, pour apprécier cette intéressante situation. Aussi j'ose vous prier, au nom des positivistes français, de nous faire connaître de quelle manière nous pourrions le mieux servir nos frères ouvriers d'Angleterre. Nous vous prions aussi de leur faire agréer l'expression de nos fraternelles sympathies, ainsi qu'une faible souscription, destinée surtout à mieux affirmer nos sentiments. C'est pour nous un spectacle consolant que de voir des révolutionnaires prendre (sans cesser d'être progressistes) la défense des institutions morales et sociales établies par nos ancêtres, et sanctionnées par une longue expérience. Ce fait me donne à penser que ces hommes sentent leur force, et ils le prouvent en l'employant avec prudence et modération; et s'ils sont persévérants comme on l'est d'habitude dans votre pays, ils ont les qualités de caractère qui constituent un véritable pouvoir pratique, auquel on peut et doit dire la vérité. C'est cette croyance qui m'a déterminé à vous prier de leur faire connaître les considérations sociales suivantes sur les relations entre ouvriers et patrons; considérations

que je crois propres à éclairer la question des grèves, à
les limiter, et surtout à en régler l'emploi. Jusqu'à présent
les grèves ont eu un caractère d'égoïsme collectif inévi-
table ; elles ont été faites par des gens ayant une certaine
force et s'en servant pour en acquérir de nouvelles, se
coalisant pour mieux défendre leurs intérêts. C'était là un
excellent moyen de développer leurs forces ; mais, cela
fait, elles doivent, comme toutes les autres forces, être
moralisées, c'est-à-dire mises au service des sentiments
sociaux, pour les faire servir à défendre les intérêts de
ceux qui sont encore trop faibles. C'est d'ailleurs un puis-
sant moyen d'augmenter ses forces, que de montrer qu'on
en a de reste, en rendant des services désintéressés, en
accompagnant toujours de sentiments généreux tout emploi de la force, et en ne faisant que des réclamations ri-
goureusement justes.

Je suis heureux, à ce sujet, de constater que la grève
des ouvriers de Londres, ainsi que celle qui a eu lieu ré-
cemment en Belgique, a pleinement satisfait aux condi-
tions de légitimité nécessaires à ces sortes de luttes, c'est-
à-dire qu'ayant à défendre une cause juste, elles n'ont
montré aucune exigence blâmable. Mais cette défense
n'en est pas moins un combat qui, comme tout autre,
quoique d'une manière moins apparente, compromet
l'existence d'une foule d'êtres humains complétement in-
nocents, appauvrit la société et, surtout, développe les
mauvais sentiments, sans jamais pouvoir donner de ré-

sultats définitifs, capables de modifier le fond de la question ; ce n'est toujours que l'application de la force à des
questions du domaine social et moral.

Pour toutes ces raisons, je ne saurais trop recomman-
der la plus rigoureuse prudence et la plus bienveillante
modération ; car s'il est nécessaire d'éviter toute faiblesse,
il l'est encore davantage d'éviter tout emportement.
D'ailleurs, les grèves ne sont pas le seul moyen qui nous
reste pour rétablir les relations interrompues, et même
résoudre le redoutable problème des temps modernes :
problème qui consiste à déterminer le concours de plus
en plus actif et de plus en plus volontaire de tous les
membres de la société, pour augmenter la somme de
bien-être possible, en augmentant dans la même propor-
tion la somme de liberté de chaque membre de la société.
Ce problème, le régime positiviste s'est montré jusqu'ici
seul capable de le résoudre, et dès aujourd'hui, sans entrer dans des dissertations philosophiques qui seraient au-
dessus de mes forces, il est possible de faire voir la su-
périorité de ce régime, par la simplicité qu'il apporte
dans la position du problème. C'est ainsi qu'il fait justice
d'une erreur étrange qui trouble depuis longtemps toutes
les discussions qui ont rapport aux relations entre patrons
et ouvriers.

Je veux parler de ce préjugé, commun aux uns et aux
autres, qui consiste à croire qu'ils doivent être naturellement en guerre, ayant des intérêts naturellement opposés.

Tout le monde partage plus ou moins cette croyance, sans y prendre garde; cela tient à ce qu'au lieu de se placer au point de vue social, pour traiter une question d'un aussi haut intérêt général, on se place tout au plus au point de vue de sa propre classe, tandis qu'au contraire, on devrait toujours se placer, même pour des questions personnelles, au point de vue social. L'oubli de ce principe a produit ce singulier phénomène, de faire considérer des intérêts identiques et solidaires comme étant exclusifs et diamétralement opposés. Il n'en est rien, cependant; malgré toutes les apparences, les intérêts des ouvriers ne sont pas plus opposés à ceux des patrons, que les intérêts des soldats d'une armée conquérante ne l'étaient à ceux de leurs chefs, aux époques de légitime conquête. Que se proposait-on, en effet, aux époques héroïques? Quel était le but de tout homme valide? Procurer à sa patrie la plus grande somme de bien-être et de sécurité possible dans son temps. Que doivent se proposer les hommes valides, dans l'époque industrielle et pacifique qui est la nôtre? Le même problème, seulement ayant acquis une ampleur inconnue de tout temps ; procurer la plus grande somme de bien-être et de sécurité à toute la famille occidentale d'abord, et graduellement à toute la famille humaine. Plus heureux que nos ancêtres qui étaient obligés de détruire pour atteindre leur but, nous ne sommes tenus qu'à produire, et, de plus, nous avons à notre disposition, comme héritage légué par nos ancêtres, une

masse énorme de capitaux matériels, intellectuels et moraux, qui, lorsque nous prendrons la peine de nous en
servir d'une manière rationnelle, nous rendront la tâche
facile, et même agréable pour les bonnes natures. Eh .
bien, malgré tous ces avantages, nous atteignons compa-
rativement moins bien le but que ne le faisaient nos ancêtres. Cela tient à ce que nos esprits et nos cœurs ne se
sont pas encore élevés à la hauteur de nos devoirs, quoique ces devoirs soient moins difficiles à remplir que les
leurs, comme le montre clairement la comparaison entre
les deux devises. Celle des anciens était : « *Mourir pour
la patrie.* » Tandis que celle des modernes est : « *Vivre
pour autrui.* » C'est, de part et d'autre, la protection des
faibles par les forts. Les anciens protégeaient par la guerre ;
nous, nous devons protéger par le travail. Et si jusqu'à
présent notre travail a si mal protégé les faibles, cela ne
tient pas à son insuffisance ; cela tient surtout à ce que
notre concours n'est pas volontaire, ce qui oblige la société d'entretenir à nos dépens une armée d'employés
sans cesse occupée à déterminer de notre part un concours légal à défaut du concours volontaire. Le simple
énoncé de ce fait suffit pour en faire comprendre la gra-
vité, et la fatale influence qu'il exerce sur nos destinées.
Il est seulement deux points sur lesquels je dois attirer
l'attention.

Premièrement, c'est que, nos ancêtres n'ayant pas à payer
une armée d'employés chargés de déterminer leur con-

cours, ils pouvaient disposer de la totalité des profits de leur entreprise en faveur de leur patrie.

Secondement, c'est que ce défaut de concours volontaire de la part des producteurs, ouvriers ou patrons, se trouve être la principale cause des maux qui accablent les populations les plus travailleuses. En effet, les patrons, obligés de prélever sur les bénéfices de quoi payer l'armée innombrable d'administrateurs et de surveillants, officiels ou autres, chargés de déterminer leur concours, ainsi que celui de leurs ouvriers, ne peuvent plus payer un salaire suffisant ; de là les grèves, qui, dans ce cas, ne font qu'aggraver le mal. Il ne peut y avoir, et il n'y aura, à ce mal, qu'un seul remède : c'est le retour au concours volontaire de tous les producteurs, seul moyen de permettre aux patrons d'élever graduellement les salaires, pour qu'un jour l'ouvrier puisse laisser sa femme dans sa maison, créer paisiblement de nouveaux travailleurs ; seul, mais précieux produit que nous ne pouvons attendre que d'elle. De leur côté, les ouvriers doivent éviter tout ce qui pourrait entraver la libre production des choses utiles et même agréables, tant qu'il n'est pas bien démontré qu'elles dépassent les besoins.

Le cadre d'une lettre est bien étroit pour y traiter de telles questions ; et je crains d'avoir déjà abusé. Néanmoins il est un point sur lequel je demande à dire quelques mots.

A entendre les économistes, il semblerait qu'ils ont cru naïvement que la société était de tout temps partagée en consommateurs et producteurs. L'ont-ils cru ? Je ne sais. Quoi qu'il en soit, ils l'ont dit sur tous les tons, et une de leurs variantes favorites est celle-ci: Quand les consommateurs manquent, l'industrie souffre, s'encombre et s'arrête. Qu'est-ce que cela signifie? Est-ce que les producteurs, riches ou pauvres, ne sont pas des consommateurs permanents? c'est ce qu'on appelle la société : immense composé de forts et de faibles, les forts s'attachant particuliérement à produire, et les faibles s'attachant surtout à conserver les produits (telles sont les femmes, par exemple, considérées comme ménagères). C'est leur manière de travailler et d'être encore producteurs.

Plusieurs animaux même font partie de l'une et l'autre série. Ainsi, l'être le plus infime, ne pouvant donner, en échange du bien qu'on lui fait, que tout au plus un peu de reconnaissance ; le cheval si vaillant; le chien si fidèle et si dévoué; l'homme le plus faible, cultivant ses bons sentiments pour se rendre plus digne des services qu'on lui rend ; le laboureur si persévérant dans sa tâche nourricière ; l'artisan si habile à produire les agréments de la vie; le poëte dont le génie embellit notre existence; le philosophe dont les principes et la morale ont produit l'existence sociale; tous sont des producteurs volontaires, et par conséquent tous sont aussi (quoique dans des degrés différents) de dignes consommateurs. C'est pour eux qu'il s'agit de produire bien-être et sécurité: l'industrie humaine n'a pas d'autre but, et chacun peut y employer ce qu'il a de cœur, d'esprit et de force, sans crainte de le dépasser. Néanmoins, la société consent à faire une large concession: dans la crainte de laisser manquer de loisir un seul homme de génie, elle consent à fournir un excès de bien-être et de sécurité à un grand nombre de ses membres, en se réservant de les rappeler à l'ordre en cas d'abus.

Voilà, je crois, une respectable collection de consommateurs, qui ne laisse rien à désirer, sous le rapport du nombre, ni sous celui de la variété, et le plus simple bon sens suffit pour faire comprendre qu'il n'en faut pas chercher d'autres. Quels sont donc ces consommateurs spéciaux et si précieux dont l'absence, dit-on, paralyse l'industrie? En quoi peuvent-ils nous être utiles, s'ils ne sont pas producteurs? Que pourront-ils nous donner en échange de nos produits? Voyons un peu. Aussi bien, ils paraissent désireux de fixer l'attention.

De tout temps il y a eu des gens de mauvaise foi; mais de notre temps, où le régime catholico-féodal ne dirige plus l'activité, et où le positivisme ne la dirige pas encore, le nombre s'en est considérablement accru. Aussi est-il arrivé souvent que des fabricants et des marchands peu scrupuleux, ayant encombré le marché de produits défectueux, inutiles et même nuisibles, ont profité de l'ignorance des acheteurs et attiré à eux des capitaux qui étaient destinés au commerce loyal, à l'industrie utile. En même temps, ils ruinaient leurs acheteurs par la non-valeur de leurs produits, et bientôt bonnes et mauvaises marchandises restaient dans les mains des marchands, par cette bonne raison que leurs capitaux, ayant été mal employés, ne donnaient pas de profits ; les acheteurs durent souvent attendre longtemps de nouveaux capitaux avant de reparaître sur le marché. Ce que voyant, les économistes se mirent étourdiment à dire : Nous manquons de consommateurs ; au lieu de dire simplement : nous manquons de bons produits, et nous manquons du capital qui a servi précédemment à en acheter de mauvais. Tant que les économistes furent seuls à tenir ce langage, on n'en vit pas le danger, mais lorsque le public l'eut adopté, les parasites à qui tout désordre fournit une bonne aubaine, renchérirent sur le langage du public, et je ne connais pas d'extravagances, de bassesses, ni de violences qui n'aient été mises en œuvre pour se procurer des consommateurs. Je ne veux pas remuer cette boue pour en retirer quelques formules ; elles ne sont que trop connues. Il vaut mieux guérir le mal, dès qu'on le connaît bien.

Je dirai au fabricant et au marchand : Revenez au commerce loyal, car si vous appauvrissez vos acheteurs, vous tarissez les sources de votre prospérité. Je dirai aux ouvriers : Le mal que je signale est plus grand qu'on ne croit ; les grèves n'y peuvent rien. Le seul remède est de remplacer par des opinions positives les sophismes ridicules à l'aide desquels on fait croire au manque de consommateurs.

Tous ceux qui savent parler et agir loyalement possèdent le remède ; qu'ils l'appliquent, et bientôt ce mal ne sera plus.

Pour moi, si je puis, si peu que ce soit, contribuer à obtenir ce résultat, j'aurai accompli un de mes vœux les plus chers.

Daignez recevoir, cher et honoré confrère, l'expression de mon respect et de mon dévouement fraternel.

FABIEN MAGNIN,

Ouvrier menuisier, Président de la Société Positiviste.
Passage Feuillet, 15 (faubourg Saint-Martin).

*A M. Richard Congreve,
Esquire, à Wandsworth
(Surrey), près Londres.*

Paris. — Imprimerie VALLÉE et Cⁱᵉ, 15, rue Breda.

Extrait du Catalogue des publications de l'École positiviste.

ANGLETERRE

Gibraltar, or the forcing policy of England, by Richard Congreve M. A. — London, John W. Parker and son, West Strand, 1857.

India, by Richard Congreve. — London, John Chapman, 8, King William street, Strand, 1857.

Italy and the Western Powers, by Richard Congreve. — London, John Manwaring (successor to John Chapman), 1860.

A Letter on the Strike, by Richard Congreve. — London, 1859.

The Labour question. — 1° A letter from a french working man on the present strike. 2° A rapport on the labour question presented to the Positivist Society (translated from the french of M. Fabien Magnin). — London, George Manwaring, 1861.

AMÉRIQUE
(États-Unis).

Comte's Positivist calendar, by Henry Edger.
Modern Times. The Labour question and the Family, by the same.

www.ingramcontent.com/pod-product-compliance
Lightning Source LLC
Chambersburg PA
CBHW051457060726
47596CB00006B/2813